新装版 車椅子の人も 片麻痺の人も いっしょにできる 楽しいレク30

斎藤道雄 著

できる運動だけ思う存分に！

黎明書房

はじめに
―思う存分に身体を動かすことを支援する―

　ぼくの仕事は体操講師です。おもな対象はシニアです。体操といってもちょっと普通の体操とは違うことがあります。それは，いろいろな身体機能のレベルの方々が参加されて，いっしょに身体を動かすことです。

　元気な方もいれば，そうでない方もいます。目や，耳や，手や，脚などが不自由な方もいます。

　さらに年齢は，下は60代から上は90代まで。その差はなんと30歳以上にもなります。ちなみに，これまでの最高齢は98歳の女性の方です。

　そういう方々に体操支援をするときに，ぼくが大切にしていることは，「それぞれが思う存分に身体を動かすように支援する」ことです。

　思う存分に身体を動かすことができれば，身体も心もスッキリします。終わった後に「あ～，気持ちよかった～」と言ってもらうと，

とてもうれしいものです。

　では，それぞれが思う存分に身体を動かすように支援するには，どうしたらよいのでしょう。

　それは，きちんと体操をしなければいけないというイメージにとらわれないことだと思います。

　ぼくの場合は，手遊びや身近にある道具や音楽を利用して身体を動かすようにします。そうやって，ご本人が自発的に身体を動かしたくなるように考えて内容を組み立てます。

　ですから体操というよりも，身体を使った遊びといったほうがよいのかもしれません。夢中になって遊ぶ。その遊びを支援する。それでいいと思います。その結果，ムーブメント（運動）につながります。

　繰り返しますが大切なことは，きちんと体操をすることよりも思う存分に身体を動かすことです。そうするために，ぼくが現場で使用しているメニュー（レクリエーション）をご紹介します。

　メニュー（レクリエーション）はやり方だけでなく，各メニュー（レクリエーション）の主な効果（タイプ）が示してあります。また，ポイントやアレンジのしかたやアドバイスもあります。

　アレンジすることができれば，レパートリーをより増やすことが可能になります。そうしているうちに，自分でアレンジする力がついていきます。

アレンジする力がついてくると，考えることが楽しくなります。ぜひ，考えるヒントにしてください。

シニアのレクリエーション活動を支援する方々に，少しでもお役に立つことができればうれしく思います。

斎藤道雄

＊本書は，先に出版したお年寄りが笑顔で楽しむゲーム＆遊び⑤『車椅子の人も片麻痺の人もいっしょにできる楽しいレク30＆支援のヒント10』の「高齢者の身体が自然と動く支援のヒント」を割愛し，改題，新装・大判化したものです。

もくじ

シニアの身体が自然と動く**ゲームと遊び** ……………… 7

※【 】は使用する用具です。

シニアの身体が自然と動く
ゲームと遊び

1 シングルハンドペーパー

手先を器用に動かすことは日本人の得意とするところです。楽しんでトライしましょう。

> 【ねらい】　集中する　器用に動かす　力を持続する
>
> ………………………………………………………………
>
> 【用　具】　新聞紙（1人につき1枚）
>
> ………………………………………………………………
>
> 【人　数】　1人〜何人でも

◇進め方

① 　1人に新聞紙を1枚ずつ用意します。

② 　1枚の新聞紙を半分に破いて2等分します。（1回につき半分ずつ使用します。）

③ 　片手で新聞紙の端をつかみます。

④ 　指をうまく使って新聞紙を丸めていきます。

⑤ 　新聞紙が手のひらに収まるように小さく丸めてみましょう。

◇ポイント

新聞紙を丸めるときに，手を身体にふれないようにしましょう。

◎**アレンジ**◎

残りの新聞紙で反対の手でもトライしてみましょう。

◎**アドバイス**◎

① 片手だけで新聞紙を丸めることは，意外に大変な作業です。本番前に，スタッフも一度自分で試してみることをオススメします。

② 新聞紙を丸めた後に，お手玉のようにして使うこともできます。

② ローリングキャッチ

背中の後ろでボールをキャッチしましょう。うまくできれば気分はイチローです。

【ねらい】　腕をあげる　肩を動かす　身体をほぐす

【用　具】　新聞紙（１人につき１枚）

【人　数】　１人〜何人でも

◇進め方

① 　１人に１枚ずつ新聞紙を用意します。

② 　新聞紙をできるだけ小さく丸めてボールをつくります。

③ 　片手でボールを首の後ろにまわします。

④ 　少しおじぎをするように背中を丸めてボールを落とします。

⑤ 　腰のあたりで，反対の手でキャッチしてみましょう。

◇ポイント

キャッチするほうの手をあらかじめ腰のあたりに差し出しておくとよいでしょう。

◎**アレンジ**◎

上下の手を反対にしてトライしてみましょう。

◎**アドバイス**◎

① ちょっと難しいかもしれませんが，その分キャッチできる

と，うれしさも倍増します。

② 片麻痺の方にはフォローもできますが，片手だけで行うこ

とも可能です。（試しにトライしてみてください。）

③ 居合いの達人

たまには大声を出しながら棒を振り回してみましょう。気持ちがスッキリしますよ。

【ねらい】	強く握る　声を出す　ストレス発散
【用　具】	新聞紙を丸めた棒（新聞紙４，５枚を丸めて，端をテープで止めます）
【人　数】	１人〜何人でも

◇進め方

① 　１人に１つずつ新聞紙を丸めた棒を用意します。

② 　両手で棒の片端を持って，頭の上で棒を構えます。

③ 　剣道の面を打つように，上から思い切って棒を振り下ろします。

④ 　回数を決めて，思う存分に棒を振り回してみましょう。

◇ポイント

振り回した棒が他人にぶつからないように，十分に間隔を空けて行いましょう。

◎アレンジ◎

上から振り下ろすほかに，斜めから振り下ろす，水平に振る，

突く，など，いろいろな振り方を楽しみましょう。

◎アドバイス◎

① 「エイッ！」「ヤー！」「ソレッ！」など，声を出しながらや

るとよいでしょう。

② 思う存分声を出せば気持ちもスッキリします。

④ 手軽に簡単マッサージ

棒を使えば，手が届かないところでも簡単にマッサージすることができます。

【ねらい】　身体をほぐす　腕を動かす　ストレス発散

【用　具】　新聞紙を丸めた棒（新聞紙４，５枚を丸めて，端をテープで止めます）

【人　数】　１人〜何人でも

◇進め方

① 　１人に１つずつ新聞紙を丸めた棒を用意します。

② 　棒を使って，ちょうどよい力加減で自分の肩をたたきます。

③ 　肩のほかにも，背中，腰，ふくらはぎなど，身体のいろいろな場所を気持ちよくたたきましょう。

④ 　反対の手でも同じように，たたいてみましょう。

◇ポイント

自分の手ではなかなか届きにくいところを多くたたくようにしましょう。

◎アレンジ◎

強くたたいたり，やさしくたたいたりして，力加減を変えてた
たいてみましょう。

◎アドバイス◎

① 気持ちよいところを探すつもりでたたくとよいでしょう。

② 「背中を 10 回」「ふくらはぎを 10 回」 など，場所と回数を
　 指示するとよいでしょう。

⑤ 元気が出るパス

「はいっ！」と声をかけながらパスをすると，お互いの気持ちが通じ合うようです。

> 【ねらい】　手先を動かす　声を出す　反応する
>
> 【用　具】　ビーチボール
>
> 【人　数】　1人〜何人でも

◇進め方

① スタッフは，「はいっ！」と相手に声をかけながら，ビーチボールを下からそうっと放ります。

② ビーチボールを両手でしっかりとキャッチします。

③ キャッチしたビーチボールは，同じように「はいっ！」と声をかけてスタッフへ投げ返します。

④ 2，3回繰り返したら，交代して他の人と同じように行いましょう。

◇ポイント

まずは，スタッフが声を出すようにするとよいでしょう。参加者からも声が出るようになると全体の雰囲気も盛り上がります。

はいっ！

◎**アレンジ**◎

「はいっ！」のほかにも，「それっ！」や「やあっ！」など，言葉を変えてみましょう。

◎**アドバイス**◎

① ビーチボールを投げるときは，両手で下から，胸のあたりをめがけて，フワッとやさしく投げるとよいでしょう。

② 片麻痺の方は手と身体でビーチボールをはさむようにしてキャッチするとよいでしょう。

⑥ ナイストス

お手玉を上に投げて，うまくひざの上に落として
みましょう。

【ねらい】　集中する　予測する　反応する

【用　具】　お手玉（1人につき1個）

【人　数】　1人〜何人でも

◇進め方

① 　1人に1つずつお手玉を用意します。

② 　お手玉が頭の高さぐらいになるように，上に投げます。

③ 　両手を使わずに，落ちてきたお手玉がうまくひざの上にのるよ
うにしてみましょう。

◇ポイント

ちょうどひざの上に落ちてくるように，上に投げるようにしましょ
う。

◎**アレンジ**◎

「胸」「顔」「頭」「頭の上」など，投げる高さを変えてみましょう。

◎**アドバイス**◎

① 「10回中，何回成功するか」など目標を決めるとよいでしょう。

② 投げる高さを変えたり，目標を変えることであきずに長続きします。

7 ドラコンボーリング

ゴルフのような，ボーリングのような，どちらもシニアが得意とするスポーツです。

> 【ねらい】　工夫する　集中する　腕を動かす
>
> 【用　具】　新聞紙（1人につき1枚）
>
> 【人　数】　1人〜何人でも

◇進め方

① 　1人に1枚ずつ新聞紙を用意します。

② 　新聞紙をできるだけ小さく丸めます。

③ 　新聞紙は丸めるだけで，テープなどで固定せずに使用します。

④ 　自分が丸めた新聞紙を使って，遠くへ転がします。

⑤ 　誰が一番遠くへ転がすことができるか競争してみましょう。

◇ポイント

「自分が丸めた新聞紙を自分で転がすこと」を強調しましょう。

◎**アレンジ**◎

遠くへ転がすほかに，目標物の近くに転がす（ニアピン）ように
して競うこともできます。

◎**アドバイス**◎

① どのように丸めたらよいか，各自で考えるようにするとよ
いでしょう。

② 必要であれば，片麻痺の方には新聞紙を丸める作業をサ
ポートするとよいでしょう。

⑧ ラッキーナンバー

サイコロを投げて転がすだけです。何が出るか，
ハラハラドキドキです。

> 【ねらい】　交流する　集中する　楽しむ
>
> 【用　具】　サイコロ（ソフトボール大のもの）
>
> 【人　数】　5人〜何人でも

◇進め方

① 　ソフトボール大のサイコロを1つ用意します。

② 　サイコロを手に持って，遠くへ投げます。

③ 　1人が2投ずつ行います。

④ 　最後に合計得点の多い人を勝ちとします。

◇ポイント

円形に座るなどして，サイコロの出た目が全員によく見えるように
するとよいでしょう。

◎**アレンジ**◎

個人戦だけでなく，2人1組のペアにしたり，団体戦でも楽しむことができます。

◎**アドバイス**◎

① サイコロの大きさは，最低でもソフトボール大以上のものがよいでしょう。サイコロが大きいほど出た目が見やすくなります。

② はじめに1投ずつ練習すると，参加者は要領をつかみやすくなります。

⑨ 坊主めくり

姫が出るか，はたまた坊主が出るか，誰がチャンピオンになるか，最後までわかりません。

【ねらい】　交流する　会話する　予測する

【用　具】　百人一首

【人　数】　5人〜20人ぐらいまで

◇進め方

① 　参加者は円形に座ります。

② 　1人1枚ずつ，百人一首を選んで引きます。全員引いたら続けて最初の人から順番に同じように繰り返します。

③ 　自分で引いた絵札は，自分のところにキープしておきます。

④ 　坊主を引いた場合は，持っている絵札をすべて没収されます。

⑤ 　没収した絵札は，次に姫を引いた人がすべてもらうことができます。

⑥ 　最後に，全員で合計枚数を発表しましょう。

◇ポイント

坊主を引いたときと姫を引いたときに，どうなるのかを強調しておくとよいでしょう。

◎**アレンジ**◎

個人戦だけでなく，２人１組のペアにしても楽しむことができます。

◎**アドバイス**◎

① 誰が何を引いたのかを，他の参加者にもわかるようにするとよいでしょう。

② 最初に１周だけ練習すると，さらにルールの理解が深まります。

10 ジャンケンチャンピオン

勝てば増える，負ければ減る，いろんな人とジャンケンをして楽しみましょう。

【ねらい】 交流する 会話する 意欲を出す

【用 具】 カード（チラシをはがき大に切ったもの，参加人数の5倍）

【人 数】 5人〜何人でも

◇進め方
① あらかじめ，チラシをはがきの大きさに切ってカードをつくっておきます。
② 1人につきカードを5枚ずつ配ります。
③ 近くにいる人とジャンケンをして，勝った人は負けた人からカードを1枚もらうことができます。
④ 相手を変えて同じように繰り返します。
⑤ 最後に残ったカードの枚数を発表しましょう。

◇ポイント
同じ人と2回続けてジャンケンをしないようにすると，よりたくさんの人と交流することができます。

◎**アレンジ**◎

個人だけでなく，２人１組のペアにしても楽しむことができます。

◎**アドバイス**◎

① 積極的な人，手堅い人，人によってそれぞれの性格が出るゲームです。

② スタッフが「どんどんジャンケンするように」うながすとよいでしょう。全体が動き出すと雰囲気が盛り上がります。

11 魔法の新聞紙

空飛ぶ魔法のじゅうたんのように，じょうずに新聞紙を遠くへ飛ばしてみましょう。

【ねらい】　集中する　工夫する　調整する

【用　具】　新聞紙（1人につき1枚，人数分）

【人　数】　1人〜何人でも

◇進め方

① 　1人に1枚ずつ新聞紙を用意します。

② 　新聞紙を広げます。

③ 　新聞紙を両手で持って，広げたままの状態で飛ばします。

④ 　新聞紙をできるだけ遠くへ飛ばしてみましょう。

◇ポイント

本番の前に，あらかじめ何度か練習しておくとよいでしょう。

◎アレンジ◎

同じ要領で，できるだけ高く飛ばしてみましょう。

どんな投げ方をしたらよいか，それぞれに考えてもらうとよい
でしょう。投げ方を教えあうことで，さらにコミュニケーショ
ンが広がります。

◎アドバイス◎

① 　片麻痺の方には，新聞紙を飛ばしやすいように，スタッフ
　がフォローするとよいでしょう。

② 　遠くへ飛ばしたつもりでも足元に落ちることもありますが，
　失敗も楽しむつもりでトライするとよいでしょう。

29

⑫ レッグシザーズ

思いっきり新聞を破いてみましょう。ただし，使うのは手ではなく，脚だけです。

【ねらい】　集中する　器用に動かす　調整する

【用　具】　新聞紙（1人につき1枚）

【人　数】　1人〜何人でも

◇進め方

① 　1人に1枚ずつ新聞紙を用意します。

② 　新聞紙を広げた状態で，足元に置きます。

③ 　脚だけを使って新聞紙を破きます。

④ 　できるだけ，小さく細かく破いてみましょう。

⑤ 　破いた破片を数えて，発表しましょう。

◇ポイント

縦に裂くようにすると破きやすいでしょう。

◎**アレンジ**◎

2人1組のペアで，1人ずつ順番に行うこともできます。

◎**アドバイス**◎

①　車椅子の方は，スタッフが足りないところを補助するとよいでしょう。

②　スリッパよりも，くつ（うわばき）の方が破きやすくなります。

⓭ アタックナンバーワン

バレーボールのプレーヤーになったつもりで, ボールをアタックしてみましょう。

【ねらい】 集中する 反応する 予測する

....

【用　具】 新聞紙（１人につき１枚）

....

【人　数】 １人〜何人でも

◇進め方

① 　１人に１枚ずつ新聞紙を用意します。

② 　各自で新聞紙を小さく丸めてボールをつくります。

③ 　自分で丸めたボールを手でたたいて，できるだけ遠くへ飛ばします。

④ 　誰が一番遠くへ飛ばすことができるか競争してみましょう。

◇ポイント

ボールのたたき方は，上から，下から，横からの３通りあります。

◎アレンジ◎

目標物を決めて，できるだけ目標物の近くに飛ばす（ニアピン）
ようにします。

◎アドバイス◎

① 上からたたくときは，テニスのサーブのように。下からた
たくときは，バレーボールのサーブのように，横からたたく
ときは卓球のサーブのようにしましょう。

② 3通りのたたき方を紹介して，本人に自分のやりやすい方
法を選んでもらいましょう。

14 肩たたき

リズムにあわせて肩をたたきます。いつの間にか身体がよくほぐれます。

【ねらい】　声を出す　身体をほぐす　ストレス発散

【用　具】　なし

【人　数】　1人〜何人でも

◇進め方

① 「うさぎとかめ」（もしもしかめよかめさんよ〜♪，石原和三郎作詞）の歌に合わせて，左右の肩を交互にたたきます。

② もしもしかめよかめさんよ（右肩を8回）

③ 世界のうちでおまえほど（左肩を8回）

④ あゆみののろい（右肩を4回）

⑤ ものはない（左肩を4回）

⑥ どうして（右肩を2回）そんなに（左肩を2回）

⑦ のろ（右肩を1回）いの（左肩を1回）

⑧ か（手を1回たたく）

◇ポイント

実際に見本を見せながら進めるとよいでしょう。

◎アレンジ◎

リズムをゆっくりするとやさしくなり，速くすると難しくなります。

◎アドバイス◎

① はじめは歌わずに，数を数えながら肩をたたくとリズム感を覚えることができます。

② 左右の肩を交互にたたくことを強調しておきましょう。

15 ふるさと

声を出しながら身体を動かすことは，とても気持ちのよいものです。

> 【ねらい】　手先を動かす　声を出す　ストレス発散
> ....
> 【用　具】　なし
> ....
> 【人　数】　1人～何人でも

◇進め方

① 「ふるさと」（うさぎおいしかのやま～♪，高野辰之作詞）の歌に合わせて，指を動かします。

② 指は，①グー，②チョキ，③パー，の順に繰り返します。

③ 歌の始めから終わりまで，歌詞に合わせながら指を動かしてみましょう。

　　う（グー）さ（チョキ）ぎ（パー）

　　お（グー）い（チョキ）し（パー）

　　か（グー）の（チョキ）や（パー）

　　ま（グー）（チョキ）（パー）

　以下，同じように繰り返します。

◇ポイント

はじめは，歌うことと指を動かすことを分けて行うとよいでしょう。

> ### ◎アレンジ◎
>
> 指の順序を変えることもできます。
>
> ①パー，②チョキ，③グー，または①チョキ，②グー，③パー
>
> ### ◎アドバイス◎
>
> ①　正確に行うことよりも，楽しんで行うことを重視しましょう。
>
> ②　口を大きくひらくようにすると，自然と大きな声が出るようになります。

⑯ 合奏合唱体操

リズムにあわせて思い思いの音を出してみましょう。とてもスッキリしますよ。

【ねらい】 音を出す　身体をほぐす　ストレス発散

【用　具】 楽器（カスタネット，タンバリン，トライアングル，すずなど）

【人　数】 ５人〜何人でも

◇進め方

① 　１人１つずつ，楽器（カスタネット，タンバリン，トライアングル，すずなど）を用意します。

② 　歌に合わせながら楽器を鳴らします。（音を出します。）

③ 　いろいろな曲に合わせて，思い思いの音を出してみましょう。

◇ポイント

大きな音を出すようにすると，力強く手を動かすようになります。

◎**アレンジ**◎

途中で楽器を取り替えることで，あきずに長い時間楽しむことができます。

◎**アドバイス**◎

① 歌いながら手を動かすことで，運動量アップになります。

② きちんとリズムに合わせるよりも，楽しんで行うことを重視しましょう。

⑰ 名前デリバリー

他人の名札を本人に届けます。楽しみながら名前
と顔を覚えましょう。

【ねらい】　会話する　仲間づくり　顔を覚える
....
【用　具】　名札（参加者全員の分）
....
【人　数】　５人〜何人でも

◇進め方━━━━━━━━━━━━━━

① 　参加者全員分の名札を用意します。

② 　１人に１枚ずつ，本人のではなく他人の名札を配ります。

③ 　名札の本人を探して，本人に名札を届けます。

④ 　全員に名札がいきわたれば終了です。

◇ポイント━━━━━━━━━━━━━━

本人を探すこと，名札を本人に届けること，この２つを強調しましょ
う。

◎**アレンジ**◎

名札を受け取るときにお礼を言ったり，握手をするようにすると，よりコミュニケーションがとれます。

◎**アドバイス**◎

①　車椅子の方には，移動を補助するとよいでしょう。

②　自分で歩ける方には，名札を届けるだけでなく，（自分の名札を探して）受け取りに行くようにお願いすると，よりスムーズに進行します。

18 ダブルパス

１つなら簡単でも，２つになると……。おしゃべりしながら，楽しんでやりましょう。

【ねらい】　交流する　会話する　反応する

【用　具】　お手玉（２人１組につき２個）

【人　数】　２人〜何人でも

◇進め方

① 　２人１組でペアをつくり，１組に２つずつお手玉を用意します。

② 　どちらか１人が，お手玉を２つ持って，２つ同時に相手にパスします。

③ 　受け取ったら，同じように２つ同時にパスして返します。

④ 　なるべくお手玉を落とさないように，パスを繰り返しましょう。

◇ポイント

なるべく２つのお手玉がバラバラに離れないように工夫するとよいでしょう。

◎**アレンジ**◎
1人1つずつお手玉を持って，2人が同時に投げてみましょう。

◎**アドバイス**◎

① 2人の間隔が遠くなるほど難しくなります。

② 片麻痺の方には，2つ同時ではなく，1つずつ投げると取りやすいでしょう。

⑲ ペットボトル落とし

反射神経が勝負です。集中することを楽しみましょう。

> **【ねらい】** 交流する　会話する　反応する
>
> **【用　具】** ペットボトル（２リットルサイズのもの。なければ小さいサイズでも代用可能）
>
> **【人　数】** ２人〜何人でも

◇進め方

① 　２人１組のペアをつくります。

② 　１組に１つずつペットボトルを用意します。

③ 　どちらか１人が，ペットボトルを上から落とします。

④ 　もう１人は，ペットボトルをキャッチします。

⑤ 　下に落とさないように，落ちてくるペットボトルをキャッチしてみましょう。

◇ポイント

落とすときに，声をかけてから落とすようにすると，より簡単にキャッチできます。

◎**アレンジ**◎

両手を使わずに，片手だけでキャッチしてみましょう。

◎**アドバイス**◎

① ペットボトルを落とす人は，立ちあがって落とすとよいでしょう。（座ったままでも構いません。）

② 片麻痺の方でも，片手でキャッチすることが可能です。

⑳ 集中バランス棒

たかがバランス，されどバランス。思わず夢中になりますよ。

【ねらい】　集中する　反応する　調整する

【用　具】　新聞紙を丸めた棒（新聞紙５枚を丸めて，セロハンテープで端を止めます）

【人　数】　１人〜何人でも

◇進め方

① 新聞紙を丸めた棒を１人に１つ用意します。

② 手のひらの上に棒を立てます。

③ 片手だけでバランスをとって，できるだけ長く棒を立てた状態を維持してみましょう。

◇ポイント

はじめに反対の手で棒を支えておいて，バランスを保ちながら静かに手を離すとよいでしょう。

◎**アレンジ**◎

反対の手でもトライしてみましょう。

◎**アドバイス**◎

① 失敗しても気にせずに，気軽に何度でもトライするように

するとよいでしょう。

② 誰が一番長くできるか，競争してみましょう。

㉑ ブラインドキャッチ

目を閉じることで，ほかの神経が，より研ぎ澄まされるようになります。

【ねらい】　集中する　予測する　調整する

【用　具】　お手玉（１人につき１個）

【人　数】　１人～何人でも

◇進め方

① 　１人に１つずつお手玉を用意します。

② 　お手玉を上に投げます。

③ 　投げた瞬間に目を閉じて，前に両手を差し出します。

④ 　目を閉じたままで，落ちてくるお手玉をキャッチしてみましょう。

◇ポイント

お手玉が落ちてきそうなところに手を出しましょう。

◎**アレンジ**◎

投げる前から目を閉じてみましょう。

◎**アドバイス**◎

①　お手玉は高く投げるほどに取ることが難しくなります。

②　その人のレベルに合わせて，投げる高さを変えてもよいで

しょう。

22 ジャンケンキャッチ

指の動きを制限されると，指のありがたみがよく
わかります。

【ねらい】　器用に動かす　反応する　集中する

【用　具】　お手玉（1人につき1個）

【人　数】　1人〜何人でも

◇進め方

① 　1人に1個ずつお手玉を用意します。

② 　お手玉を上に投げます。

③ 　落ちてきたお手玉を，両手をグーにしてキャッチしてみましょう。

④ 　同じように，両手をチョキにしてキャッチしてみましょう。

◇ポイント

パー，チョキ，グーの順に難しくなります。簡単なことから順に進めるとよいでしょう。

◎アレンジ◎
両手の人差し指1本でキャッチしてみましょう。

◎アドバイス◎
①　片麻痺の方の場合は，手と身体でお手玉をはさむようにしてキャッチするとよいでしょう。

②　ほかにもいろんなキャッチの仕方を考えてみると，さらにレパートリーを増やすことができます。

51

㉓ ダウンサイジング

折って，折って，また折って。さて，みなさんは，
どこまで小さくできますか？

> 【ねらい】　手先を動かす　力を入れる　器用に動かす
>
> ....
>
> 【用　具】　新聞紙（1人につき1枚，人数分）
>
> ....
>
> 【人　数】　1人〜何人でも

◇進め方

① 　1人に1枚ずつ新聞紙を用意します。

② 　新聞を半分に折ります。

③ 　半分にした新聞をまた半分に折ります。

④ 　何回も半分に折ることを繰り返して，新聞をできる限り小さく
折りたたんでみましょう。

◇ポイント

「繰り返し半分に折ること」と，「できるだけ小さく折りたたむこと」
を強調するとよいでしょう。

◎アレンジ◎

どれぐらい小さく折りたたむことができたか，最後に1人ずつ
発表するとよいでしょう。

◎アドバイス◎

①　新聞が小さくなればなるほど，握力が必要になります。

②　本番前に，スタッフも一度自分で試してみるとよいでしょ
う。

㉔ ペットボトル起こし

足だけでペットボトルを起こします。楽しみながら成功を目指しましょう。

【ねらい】　足を動かす　調整する　集中する

………………………………………………………

【用　具】　ペットボトル（２リットルサイズ，人数分）

………………………………………………………

【人　数】　１人〜何人でも

◇進め方

①　１人に１つずつペットボトルを用意します。

②　足元にペットボトルを倒した状態で置きます。

③　足だけを使って，倒れているペットボトルを起こしてみましょう。

◇ポイント

あらかじめペットボトルを起こしやすい位置に置いておくとよいでしょう。

◎**アレンジ**◎

両足を使わずに，片足だけでトライしてみましょう。

◎**アドバイス**◎

①　２リットルサイズのペットボトルがなければ，小さいサイズのもので代用することもできます。（大きなサイズの方が扱いやすくなります。）

②　片麻痺の方には，片足だけでトライするように支援しましょう。

㉕ みんなでホールインワン

バスケットボールのゴールにシュートするように，袋にボールを投げ入れましょう。

【ねらい】	集中する　調整する　手先を動かす
【用　具】	新聞紙（1人につき1枚），レジ袋（大きいサイズのものがよい）
【人　数】	1人〜何人でも

◇進め方

① 　1人に1枚ずつ新聞紙を用意します。

② 　新聞紙をできるだけ小さく丸めてボールをつくります。

③ 　スタッフが持っているスーパーのレジ袋などをめがけて，ボールを投げます。

④ 　袋にボールが入れば成功です。

◇ポイント

ボールを投げるときは，下からやさしく放るようにしましょう。

◎**アレンジ**◎

ボールを投げる人のレベルに合わせて，袋までの距離を変えて
みましょう。

◎**アドバイス**◎

① 　ボールが袋に入るように，スタッフが袋の位置を調整する
とよいでしょう。

② 　自分の投げたボールが袋に入ることだけでも，投げた本人
にはうれしいものです。

26 オーバーハンドパス

かつては日本のお家芸と言われたバレーボールで
す。パスをして楽しみましょう。

【ねらい】　集中する　器用に動かす　反応する

【用　具】　ビーチボール

【人　数】　１人〜何人でも

◇進め方

① 　参加者は，脚を少し広げて座り，手の指を広げて顔の前で構え
ます。

② 　スタッフは，ビーチボールを下からやさしく放ります。

③ 　参加者は，ビーチボールを両手で下から押し上げるようにたた
き返します。

④ 　２，３回行ったら，相手を交代して同じように繰り返しましょ
う。

◇ポイント

参加者が打ち返しやすいように，下から両手でそうっと放りましょ
う。

◎**アレンジ**◎

「はいっ！」「それっ！」など，掛け声をかけながら行ってみましょう。

◎**アドバイス**◎

① 片麻痺の方には，片手だけでもきるようにやさしいボールをパスしましょう。

② 声をかけることで，全体が盛り上がります。

㉗ トラップ＆パス

転がってくるボールを脚_{あし}で止めてパスします。気分はワールドカップです。

> 【ねらい】　集中する　脚を動かす　反応する
> ....
> 【用　具】　ビーチボール
> ....
> 【人　数】　１人〜何人でも

◇進め方

① 　参加者は，脚を少し広げて座ります。

② 　スタッフは，ビーチボールを下からやさしく転がします。

③ 　参加者は，転がってきたビーチボールを，脚を使ってしっかりと止めてから蹴り返します。

④ 　２，３回行ったら，相手を交代して繰り返しましょう。

◇ポイント

ビーチボールを蹴る前に，一度しっかりと止めるようにしましょう。

◎**アレンジ**◎

ビーチボールを止めずに，そのままダイレクトで蹴り返しましょう。

◎**アドバイス**◎

① 足元を狙って，止めやすいようにボールを転がしましょう。

② 車椅子の方には，ゆっくりとていねいにビーチボールを転がすようにするとよいでしょう。

28 ひとり連続トス

ボール遊びをしていると，たったひとりだけでも
思わず夢中になります。

【ねらい】　集中する　反応する　器用に動かす

【用　具】　新聞紙（1人につき1枚）

【人　数】　1人から何人でも

◇進め方

① 　1人に1枚ずつ新聞紙を用意します。

② 　新聞紙をできるだけ小さく丸めてボールをつくります。

③ 　新聞紙は丸めるだけで，テープなどで固定せずに使用します。

④ 　自分がつくったボールを使って，手で上につきます。

⑤ 　下に落とさないように連続してボールをついてみましょう。

◇ポイント

新聞紙は力を込めてできるだけ小さく固く丸めましょう。（新聞紙
はたたいているうちにだんだん広がってきます。）

◎**アレンジ**◎

両手を使わずに，片手だけでトライしてみましょう。

◎**アドバイス**◎

① 紙風船で遊ぶ要領でやってみましょう。

② 連続して何回できるか挑戦してみましょう。

㉙ ダブルハンドキャッチ

子どもの頃にこれを使って遊んだシニアは，たくさんいるようです。

【ねらい】　集中する　反応する　器用に動かす

【用　具】　お手玉（１人につき２個）

【人　数】　１人〜何人でも

◇進め方

① 　１人に２つずつお手玉を用意します。

② 　両手に１つずつお手玉を持ちます。

③ 　２つ同時にお手玉を上に投げます。

④ 　２つとも落とさないようにキャッチしてみましょう。

◇ポイント

投げたお手玉が空中でバラバラにならないように投げる工夫をしましょう。

◎**アレンジ**◎

手に１つずつお手玉を持ってトライしてみましょう。

◎**アドバイス**◎

① 失敗しても気にせずに，何度でもトライするとよいでしょう。

② 成功することよりもどんどんトライすることが運動量アップにつながります。

㉚ ワンタッチキャッチ

ボールを上に投げて，落ちてくる間に素早く手を
たたきます。難しいわりには意外と楽しめます。

【ねらい】　集中する　素早く動く　反応する

【用　具】　お手玉（１人につき１個）

【人　数】　１人〜何人でも

◇進め方

① 　１人に１つずつお手玉を用意します。

② 　お手玉を上に投げます。

③ 　お手玉が落ちてくる間に，手を１回たたきます。

④ 　お手玉を下に落とさないようにキャッチしてみましょう。

◇ポイント

はじめは，手をたたかずに投げてキャッチするだけの練習から始め
ましょう。

◎**アレンジ**◎

ひざをたたく，肩をたたくなど，たたく場所を変えてトライし

てみましょう。

◎**アドバイス**◎

① 失敗しても気にせずに，何回でもトライするようにしま

しょう。大切なことは運動量を増やすことです。

② 成功することよりも，楽しんで行うことを重視しましょう。

おわりに
―人を大切にするということを考える―

「みんなで」「笑顔」「元気」「やる気」「なかよし」「協力」「楽しい」
「ルールを守る」「頑張る」「全力」

　これらは，ある小学校のクラス目標にある言葉を，抜き出したものです。たぶん，みなさんが子どもの頃にも，同じような言葉が使われたクラス目標があったのではないでしょうか？

　ぼくは子どもの頃におとなの人から，そうすることがよいことだと教えられました。
　そしておとなになって，シニアの人たちと関わる仕事をするようになったときに，子どものときに教えられたことを，シニアに求めようとしていました。

　シニアの人たちが，「みんなで」「元気で」「頑張って」「やる気を出して」「笑顔になれるように」と。
　ところが，それをそのまま実行しようとすると，どうしてもうまくいかないことがありました。

　だから思い切って，考え方を 180 度変えてみました。

　「みんなでなくてもいい」「元気でなくてもいい」「頑張らなくてもいい」「やる気がなくてもいい」「笑顔がなくてもいい」そう思ったら，なんだか，気持ちがとても楽になりました。

　子どもの頃に教えられたよいことは，自分の中で，知らず知らずの間に，そうしなければいけないことになっていたようです。

　年をとるということは，気力や体力が衰えることでもあります。それが老化です。

　子どもの頃に教えられたよいことをシニアにも求めるということは，その自然な流れに逆らおうとしているのではないでしょうか。

　自然な流れに逆らおうとすれば，どこかで無理が生じます。うまくいかない原因はそこにあったのだと思います。

　シニアを大切にするということは，自分がよいと思っていることをシニアにすることではなく，シニアの老化（身体や心の状況）にあわせたやり方を考えることだと思います。

　ぼくが，ひとつクラス目標につけ加えるとしたら，こうです。

　「人を大切にすることを考える」

斎藤道雄

著者紹介

●斎藤道雄

体操講師，ムーヴメントクリエイター。

クオリティ・オブ・ライフ・ラボラトリー主宰。

自立から要介護シニアまでを対象とした体操支援のプロ・インストラクター。

体力，気力が低下しがちな要介護シニアにこそ，集団運動のプロ・インストラクターが必要と考え，運動の専門家を数多くの施設へ派遣。

「お年寄りのふだん見られない笑顔が見られて感動した」など，シニアご本人だけでなく，現場スタッフからも高い評価を得ている。

[お請けしている仕事]
○体操教師派遣（介護施設，幼稚園ほか）　○講演　○研修会　○人材育成　○執筆

[体操支援・おもな依頼先]
○養護老人ホーム長安寮
○有料老人ホーム敬老園（八千代台，東船橋，浜野）
○淑徳共生苑（特別養護老人ホーム，デイサービス）ほか

[講演・人材育成・おもな依頼先]
○世田谷区社会福祉事業団
○セントケア・ホールディングス（株）
○（株）オンアンドオン（リハビリ・デイたんぽぽ）ほか

[おもな著書]
○『シニアの爆笑あてっこ・まねっこジェスチャー体操』
○『新装版 要支援・要介護の人もいっしょに楽しめるゲーム＆体操』
○『新装版 虚弱なシニアでもできる楽しいアクティビティ 32』
○『少人数で盛り上がるシニアの 1，2 分体操＆ゲーム 50』
○『椅子に腰かけたままでできるシニアのための脳トレ体操＆ストレッチ体操』
○『目の不自由な人も耳の不自由な人もいっしょに楽しめるかんたん体操 25』
○『認知症の人も一緒に楽しめる！　リズム遊び・超かんたん体操・脳トレ遊び』
○『介護レベルのシニアでも超楽しくできる　声出し！　お祭り体操』
○『介護スタッフのためのシニアの心と体によい言葉がけ 5 つの鉄則』
○『要介護シニアも大満足！　3 分間ちょこっとレク 57』
○『車いすや寝たきりの人でも楽しめるシニアの 1〜2 分間ミニレク 52』
○『1，2 分でできるシニアの手・足・指体操 61』
○『椅子に座ってできるシニアの 1，2 分間筋トレ体操 55』
○『1，2 分でできる！　シニアにウケる爆笑体操 44』（以上，黎明書房）

[お問い合わせ]
ブログ「みちお先生のお笑い介護予防体操！」：http://qollab.seesaa.net/
メール：qollab.saitoh@gmail.com

＊イラスト・わたいしおり

新装版　車椅子の人も片麻痺の人もいっしょにできる楽しいレク 30

2020 年 9 月 20 日　初版発行

著　者　斎　藤　道　雄
発行者　武　馬　久仁裕
印　刷　株式会社　太洋社
製　本　株式会社　太洋社

発　行　所　　株式会社　黎　明　書　房

〒460-0002　名古屋市中区丸の内 3-6-27　EBS ビル　☎ 052-962-3045
FAX 052-951-9065　振替・00880-1-59001
〒101-0047　東京連絡所・千代田区内神田 1-4-9　松苗ビル 4 階
☎ 03-3268-3470

ISBN978-4-654-07679-6